Leserabe

2. Lesestufe

Claudia Ondracek

Ein Freund
für Flöckchen

Mit Bildern von Irmgard Paule

Ravensburger Buchverlag

Bibliografische Information der Deutschen Nationalbibliothek:

Die Deutsche Nationalbibliothek verzeichnet diese Publikation
in der Deutschen Nationalbibliografie.
Detaillierte bibliografische Daten sind im Internet
über **http://dnb.d-nb.de** abrufbar.

Ich danke Gwendolin Mühlinghaus
und Anja Sterner-Kock für ihre
fachliche Beratung.

1 2 3   13 12 11

Ravensburger Leserabe
© 2011 Ravensburger Buchverlag Otto Maier GmbH
Umschlagbild: Irmgard Paule
Umschlagkonzeption: Sabine Reddig
Redaktion: Sabine Schuler
Printed in Germany
ISBN 978-3-473-36240-0

www.ravensburger.de
www.leserabe.de

Inhalt

Der Heudieb   4

Los, hinterher!   10

Überwältigt   14

Kein Halten mehr   18

Glück im Unglück   25

Halb so wild   31

Endlich ein Zuhause!   34

Leserätsel   40

Der Heudieb

Prinz kläfft wild,
als sich die Zwillinge
Vera und Katrin
Flöckchens Stall nähern.
„Aus, Prinz, bei Fuß!",
sagt Vera.
„Was hat er nur?",
wundert sich Katrin.

„Ob jemand bei Flöckchen ist?"

„Hm", murmelt Vera.

„Herr Muhl wollte eigentlich
erst später kommen.
Der weiß, dass wir Flöckchen
gut allein versorgen können."
Sie späht aufmerksam
zum Stall hinüber.
„Flöckchen ist auf der Koppel.
Aber da muss jemand
am neuen Heuschober sein.
So, wie sie dorthin starrt."

„Etwa ein Heudieb?",
wispert Katrin erschrocken.
Vera runzelt die Stirn.
„Vielleicht hast du Recht",
raunt sie. „Na warte,
dem zeigen wir's!"
Katrin zögert,
aber Vera zieht sie
hinter sich her.
Geduckt schleichen sie sich an,
ganz leise, Schritt für Schritt.
Doch ihre Herzen
pochen umso lauter.

Endlich sind sie am Koppelzaun.

Sie pirschen weiter.

Flöckchen schaut immer noch

ganz gebannt zum Heuschober.

Da muss wirklich jemand sein.

Die Zwillinge lugen

durch einen Spalt im Holz.

Sie trauen ihren Augen kaum:
Da knabbert doch tatsächlich
ein Pony genüsslich vom Heu.
„Hast du das Pony schon mal
hier gesehen?", flüstert Vera.
Katrin schüttelt den Kopf.
„Im Dorf jedenfalls nicht!"
„Dann muss es irgendwo
ausgebüxt sein",
wispert Vera zurück.

„Los, wir fangen es ein.

Prinz, Platz!"

Stumm verständigen sich

die Zwillinge.

Vera läuft rechts

um den Heuschober,

Katrin links herum.

Nur Prinz bleibt sitzen.

Aber kaum sind die Mädchen

außer Sicht, winselt er los.

„Aus, Prinz!", zischt Vera.

Doch zu spät.

Das Pony hat

sie bereits bemerkt.

Es hebt den Kopf,

sieht Vera –

und galoppiert davon.

Los, hinterher!

„Es haut ab!", ruft Katrin.

„Los, hinterher!"

Sie schnappt sich die Reitkappe
und rennt zur Koppel.

Katrin öffnet das Gatter und pfeift.

Flöckchen kommt sofort angetrabt.

Katrin schwingt sich
auf seinen Rücken.

Sie zieht Vera hinter sich hinauf.

„Heute musst du uns mal
zu zweit tragen", ruft Katrin.

„Lauf, Flöckchen,
immer dem Pony nach!"

Flöckchen trabt los.

Querfeldein.

Prinz jagt hinterher.

Das Pony hat längst
den Waldrand erreicht.

„Mist, jetzt verlieren wir
es aus den Augen",
schimpft Katrin.
„Wir haben doch Prinz",
beruhigt sie Vera.
„Such, Prinz!"
Prinz nimmt gleich die Spur auf.
Sie führt weiter
in den Wald hinein.
„Was macht das Pony da nur?",
wundert sich Katrin.
Auf einmal hören sie
eine Stimme rufen:
„Pelle, wo steckst du? Pelle!"
Ob Pelle das Pony ist?
„Prinz, hierher!", zischt Vera.
Die Zwillinge folgen der Stimme.

Sie wird immer lauter.
„Pelle, da bist du ja!
Wo hast du nur gesteckt?",
hören sie die Stimme
plötzlich sagen.
„Das kommt von dort vorne",
raunt Katrin.
Die Mädchen steigen ab
und gehen langsam weiter.
Bis zum Rand einer Lichtung.
Vorsichtig spähen sie
durch die Hecken.

Überwältigt

Auf der Lichtung
steht ein Junge.
Und neben ihm das Pony.
„Pelle, du darfst dich
nicht einfach losreißen",
sagt der Junge und
befestigt den Zügel am Halsband.
Losreißen?
War das Pony
etwa im Wald angebunden?

Und wieso hat der Junge
einen Eimer Wasser
und Heu dabei?
Will er das Pony
im Wald füttern?
Aber warum?
Ob er das Pony hier versteckt?

„Verstehst du das?",
flüstert Katrin.
„Nein", erwidert Vera leise.
„Am besten fragen wir ihn.
Komm ..."
Sie will loslaufen.
Katrin reißt sie zurück
und zeigt stumm nach links.

Zwei Männer tauchen lautlos
aus dem Unterholz auf.
„Haben wir euch endlich!",
rufen sie.
Der Junge fährt herum.
Die Männer stürzen auf ihn zu.
Der eine packt den Jungen,
der andere das Pony.
Vera und Katrin
verharren
regungslos
in ihrem Versteck.
Was haben
die Männer
mit den beiden vor?

Kein Halten mehr

„Lassen Sie mich los!",
schreit der Junge und wehrt sich
mit Händen und Füßen.
Der Mann packt noch fester zu.
„Das Pony gehört uns",
sagt er scharf.
„Wir haben dafür bezahlt."
Der Junge schluchzt auf.
„Das ist mir egal!"

Er versucht, dem anderen Mann
den Zügel zu entreißen.
„Lass das, Bürschchen!",
knurrt der und will das Pony
hinter sich herziehen.
Aber das Pony rührt sich nicht
von der Stelle.
„Komm jetzt, du verdammter Gaul",
zischt der Mann
und reißt am Zügel.
Das Pony bäumt sich auf.

„Dir werd ich's zeigen!",
brüllt der Mann
und holt mit der Peitsche aus.
„Nein", schreit der Junge
verzweifelt. „Nicht schlagen!"
Aber da saust
die Peitsche schon nach unten.
Das Pony bäumt sich wieder auf
und wiehert schrill.
„So ein Fiesling!",
stößt Vera hervor
und springt auf.
„Bleib hier!", wispert Katrin.
Doch zu spät.

Vera ist nicht zu halten.
Sie schwingt sich
auf Flöckchens Rücken
und galoppiert los.
„Lassen Sie das!", ruft sie.
„Sie tun dem Pony weh!"
Die Männer und der Junge
drehen sich erstaunt um.
Vera bringt Flöckchen
neben dem Pony zum Stehen.

„Was willst du hier?",
faucht der Mann
und zerrt wieder am Zügel.
„Verschwinde!"
Doch der Junge
schaut Vera flehend an.
Vera nimmt
all ihren Mut zusammen.
„Ich verschwinde nicht",
erwidert sie,
„solange Sie das Pony so quälen."

„Das ist meine Sache",
schnaubt der Mann
und hebt drohend die Peitsche.
Aber Vera weicht dem Pony
nicht von der Seite.
„Hau endlich ab!",
knurrt der Mann barsch
und lässt die Peitsche knallen.

Flöckchen erschrickt –
und steigt hoch.
„Hilfe!", ruft Vera.
Sie verliert den Halt
und stürzt zu Boden.
Flöckchen galoppiert davon.
„Vera!", schreit Katrin
in ihrem Versteck auf.
„Fang Flöckchen!",
ruft sie Prinz noch zu,
bevor sie losrennt.

Glück im Unglück

Vera liegt regungslos
am Boden.
„Spinnst du?",
flucht der Mann,
der den Jungen festhält.
„Wenn dem Mädchen
was passiert ist!"
Er will sich über Vera beugen.
„Lassen Sie die Finger
von ihr!", brüllt Katrin
und schubst ihn zur Seite.
„Vera", schluchzt sie.
„Vera, so sag doch was!"
Vera stöhnt leise:
„Oh, mein Arm, mein Arm!"

„Kannst du ihn bewegen?",
fragt der Junge da.
„Ich kenne mich
mit Pferdestürzen aus.
Ich reite seit Jahren."
Vera streckt sachte den Arm aus
und winkelt ihn wieder an.
„Das tut zwar weh", murmelt sie,
„aber es geht."
„Das ist schon mal gut",
meint der Junge
und schaut wortlos
den Mann an.
Der lässt ihn los.

Der Junge kniet sich neben Vera.
„Ich heiße übrigens Ruben",
sagt er und untersucht
den Arm genau.

„Dein Ellenbogen ist aufgeschlagen.
Das tut bestimmt weh.
Aber sonst sehe ich nichts.
Wenn in den nächsten Stunden
nichts mehr anschwillt,
hast du Glück gehabt."
Vera lächelt erleichtert.

„Danke übrigens,
dass du Pelle helfen wolltest",
sagt Ruben.
„Gern geschehen",
erwidert Vera.
„Was passiert jetzt mit ihm?"
Sie gucken die Männer an.
Die schauen finster zurück.

„Wir müssen los",
drängt der Mann mit der Peitsche.
„Wir haben schon viel zu viel Zeit
wegen des Jungen verloren."
„Sie können nicht einfach
abhauen",
sagt Katrin wütend.
„Meine Schwester ist
wegen Ihnen gestürzt!"
„Das tun wir auch nicht",
beruhigt sie der andere Mann
und seufzt: „Verdammt,
der Junge macht uns
nur Scherereien!
Einfach das Pony zu entführen."

„Zu entführen?",
fragt Vera erstaunt.
Ruben starrt stumm
auf seine Füße.
Da hören sie plötzlich
jemanden rufen:
„Vera! Katrin! Wo seid ihr?"
„Hier!", ruft Katrin glücklich.
„Hier sind wir, Herr Muhl!"

Halb so wild

Da tauchen Herr Muhl
und Flöckchen
am Rande der Lichtung auf.
Als Herr Muhl
Vera am Boden sitzen sieht,
galoppiert er los.
„Bist du verletzt?",
fragt er erschrocken
und steigt ab.
„Ich habe Flöckchen und Prinz
ohne euch am Stall gefunden.
Da wusste ich sofort,
dass was passiert ist!
Denn auf euch Pferdepflegerinnen
ist sonst immer Verlass!"

„Alles halb so wild",
beruhigt ihn Vera.
„Flöckchen hat gescheut,
weil der Mann da
mit der Peitsche geknallt hat",
erklärt sie
mit einem finsteren Seitenblick
auf den Mann.
„Da bin ich runtergefallen.
Ich hab mir aber nur
den Ellenbogen aufgeschlagen."
Katrin reicht Vera die Hand
und zieht sie hoch.

„Die Männer und der Junge
haben allerdings ein Problem",
sagt Katrin. „Das kennen wir
aber auch noch nicht."
Vera schaut Ruben an.
„Los, nun erzähl schon",
ermutigt sie ihn.
„Warum hast du Pelle entführt?
Du scheinst ihn doch zu mögen.
Und er dich auch."
„Ich", setzt Ruben an und stockt.
Dann holt er tief Luft
und erzählt die ganze Geschichte!

Endlich ein Zuhause!

Sein Vater muss
den Bauernhof verkleinern.
Die Arbeit ist
einfach nicht mehr zu schaffen.
Daher müssen Tiere
verkauft werden.

„Auch Pelle", erzählt Ruben.
„Er ist alt und kann
kaum mehr arbeiten.
Ich wollte Pelle unbedingt behalten.
Doch mein Vater
ist hart geblieben
und hat ihn an
die zwei Männer da verkauft.
Ich liebe Pelle und will,
dass es ihm gut geht.
Aber die beiden Männer
behandeln ihn schlecht."
„Oh ja, das haben wir gesehen",
bestätigt Vera.
„Wer nur am Zügel zerren
und peitschen kann,
liebt keine Pferde!"

Der Mann starrt sie feindselig an.
„Aber der Gaul gehört uns!"
Ruben nickt. „Ja, und deshalb
habe ich ihn entführt
und hier im Wald versteckt.
Damit er vor Ihnen sicher ist!"
Tränen stehen ihm in den Augen.
„Junge", sagt der andere Mann.
„Das Pony ist zwar alt,
aber wir haben trotzdem
Geld dafür gezahlt.
Es gehört uns nun mal."

Da tritt Herr Muhl vor.
„Kommen Sie doch bitte mal mit",
sagt er zu dem Mann
und nimmt ihn zur Seite.
Vera und Katrin wundern sich.
Was hat Herr Muhl vor?
Sie hören ihn leise reden.
Aber sie verstehen kein Wort.
„Okay, einverstanden",
sagt der Mann schließlich.
Er geht zu seinem Kumpel.
„Willi", sagt er,
„gib die Zügel den Mädchen."
Vera und Katrin
bleibt der Mund offen stehen.

Herr Muhl lacht.

„Nun nehmt schon die Zügel.

Pelle gehört jetzt mir.

Ich habe ihn

den Pferdehändlern abgekauft.

Er bekommt bei uns

sein Gnadenbrot.

Flöckchen kann Gesellschaft

gut gebrauchen –

und gegen einen Pflegling mehr

habt ihr Pferdenärrinnen

bestimmt nichts, oder?"

Vera und Katrin lachen.

„Auf keinen Fall,

wir versorgen gern auch

zwei Pferde!"

Dann wendet sich
Herr Muhl an Ruben:
„Und bevor du noch mal
auf die Idee kommst,
Pelle zu entführen,
hilfst du lieber den Mädchen
im Stall."
Ruben schluckt.
„Na klar", sagt er leise.
„Vielen, vielen Dank!"
Dann vergräbt er sein Gesicht
in Pelles Mähne und flüstert:
„Jetzt hast du endlich wieder
ein gutes Zuhause!"

Leserätsel

mit dem Leseraben

Super, du hast das ganze Buch geschafft!
Hast du die Geschichte ganz genau gelesen?
Der Leserabe hat sich ein paar spannende
Rätsel für echte Lese-Detektive ausgedacht.
Wenn du Rätsel 4 auf Seite 42 löst, kannst du
ein Buchpaket gewinnen!

Rätsel 1

In jedem Satz fehlt ein Wort. Wenn du dir nicht
sicher bist, lies auf den Seiten noch mal nach!

1. Flöckchen ist auf der
   (Seite 5)

2. Auf der
   steht ein Junge (Seite 14)

3. Ruben starrt
   auf seine Füße. (Seite 30)

4. Aber sie verstehen kein
   (Seite 37)

Rätsel 2

Füge die Wörter aus der Geschichte
wieder richtig zusammen!
Schreibe die Wörter auf ein Blatt.

Heu-   -bogen   -steck

        -zaun   Ellen-

Ver-   Koppel-   -schober

Rätsel 3

Der Leserabe hat sich ein Quiz ausgedacht!
Kannst du die Fragen beantworten?
Schreibe die Antwort in die Kästchen.

1. Wer findet die Spur des Ponys?

2. Womit schlägt der Mann
   das Pony?

3. Wer hat Pelle entführt?

4. Was haben die Männer
   für Pelle bezahlt?

Rätsel 4

Beantworte die Fragen zu der Geschichte. Wenn du dir nicht sicher bist, lies auf den Seiten noch mal nach!

1. Wen entdecken Vera und Katrin im Heuschober? (Seite 8)

    S : Ein Pony, das genüsslich vom Heu knabbert.

    R : Einen fremden Jungen.

2. Wer taucht lautlos aus dem Unterholz auf? (Seite 17)

    U : Herr Muhl.

    A : Zwei Männer.

3. Warum ist Pelle verkauft worden? (Seite 34)

    L : Die Arbeit war nicht mehr zu schaffen.

    K : Er hat Rubens Vater gebissen.

Lösungswort:

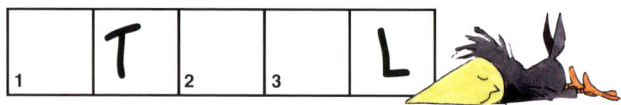

1	T	2	3	L

 # Rabenpost

Jetzt wird es Zeit für die Rabenpost! Besuch mich auf meiner Homepage **www.leserabe.de** und gib dort unter der Rubrik „Leserätsel" das richtige Lösungswort ein. Es warten außerdem noch tolle Spiele und spannende Leseproben auf dich! Oder schreib eine E-Mail an **leserabe@ravensburger.de**.
Jeden Monat werden 10 Buchpakete unter den Einsendern verlost! Natürlich kannst du mir auch eine Karte schicken.

An den LESERABEN
RABENPOST
Postfach 2007
88190 Ravensburg
Deutschland

Ich freue mich immer über Post!

Dein Leserabe

Lösungen:
Rätsel 1: Koppel, Lichtung, stumm, Wort
Rätsel 2: Heuschober, Versteck, Koppelzaun, Ellenbogen
Rätsel 3: Prinz, Peitsche, Ruben, Geld

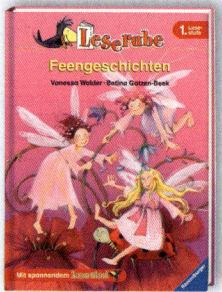